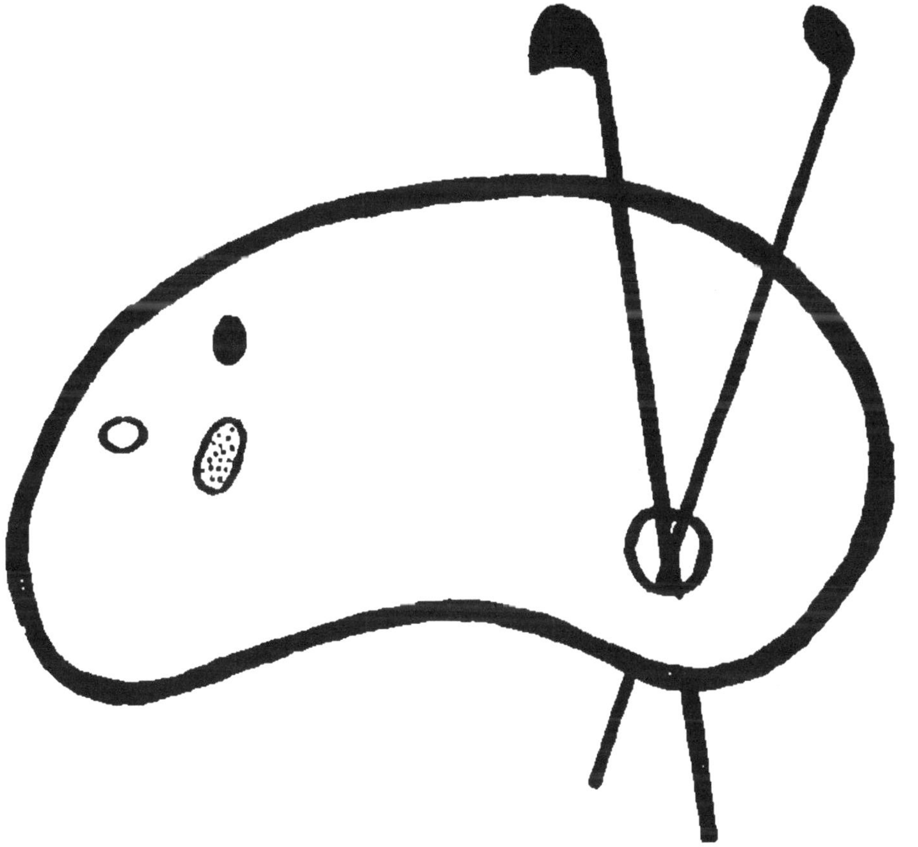

AF476774

DE LA

SUGGESTION

DANS L'ÉTAT HYPNOTIQUE

PAR

LE Dr BERNHEIM

PROFESSEUR A LA FACULTÉ DE MÉDECINE DE NANCY

RÉPONSE A M. PAUL JANET

DE L'ACADÉMIE DES SCIENCES MORALES ET POLITIQUES

Extrait de la REVUE MÉDICALE DE L'EST

PARIS

OCTAVE DOIN ÉDITEUR

8, PLACE DE L'ODÉON, 8

1884

LIBRAIRIE OCTAVE DOIN

8, Place de l'Odéon, PARIS

Traité théorique et pratique d'électricité médicale, par le Dr G. BARDET, avec une préface de M. le professeur C. M. GARIEL. Un beau volume grand in-8° de 660 pages avec 234 figures dans le texte. Prix : **10 fr.**

Manuel pratique de médecine mentale, par le Dr E. RÉGIS, ancien chef de clinique des maladies mentales à la Faculté de médecine de Paris, etc.; avec une préface par M. BALL, professeur de clinique des maladies mentales à la Faculté de médecine de Paris. Un volume in-18 jésus, cartonné diamant, de 640 pages. Prix : **7 fr. 50**

Traité pratique de massage et de gymnastique médicale, par le Dr J. SCHREIBER, ancien professeur libre à l'Université de Vienne, etc. Un volume in-18 cartonné diamant, de 360 pages, avec 117 figures dans le texte. Prix : **7 fr.**

Traité pratique des maladies des organes sexuels, par le Dr LANGLEBERT, ancien interne des hôpitaux de Paris. Un volume in-18 jésus, cartonné diamant de 600 pages, avec figures dans le texte. Prix : **7 fr.**

Guide de thérapeutique aux eaux minérales et aux bains de mer, par le Dr Ch. CAMPARDON, avec une préface du Dr DUJARDIN-BEAUMETZ, membre de l'Académie de médecine, etc. Un volume in-18 cartonné diamant. Prix : **5 fr.**

De la Suggestion dans l'état hypnotique et dans l'état de veille, par le Dr BERNHEIM, professeur à la Faculté de médecine de Nancy. Grand in-8° de 110 pages. Prix : **3 fr.**

Recherches expérimentales sur l'alcoolisme chronique, par DUJARDIN-BEAUMETZ, médecin de l'hôpital Cochin, et le Dr AUDIGÉ. In-8° de 60 pages. Prix : **2 fr.**

De l'Alcool, sa combustion, son action physiologique, son antidote, par le Dr Jules JAILLET, ancien chef du laboratoire de la Faculté de médecine de Paris. Un volume in-8° de 180 pages. Prix : **4 fr**

Traité pratique d'électricité, comprenant les applications aux sciences et à l'industrie et notamment à la physiologie, à la médecine, à la télégraphie, à l'éclairage électrique, à la galvanoplastie, à la météorologie, etc., par C. M. GARIEL, membre de l'Académie de médecine, ingénieur en chef des ponts et chaussées, agrégé de physique à la Faculté de médecine de Paris, professeur de physique et de chimie à l'École nationale des ponts et chaussées. — Tome Ier. Un beau volume grand in-8° de 450 pages avec 253 figures dans le texte. Prix : **12 fr.**

L'ouvrage sera complet en 2 volumes. — Le tome II paraîtra dans le courant de 1885.

Nancy, imprimerie Berger-Levrault et Cie

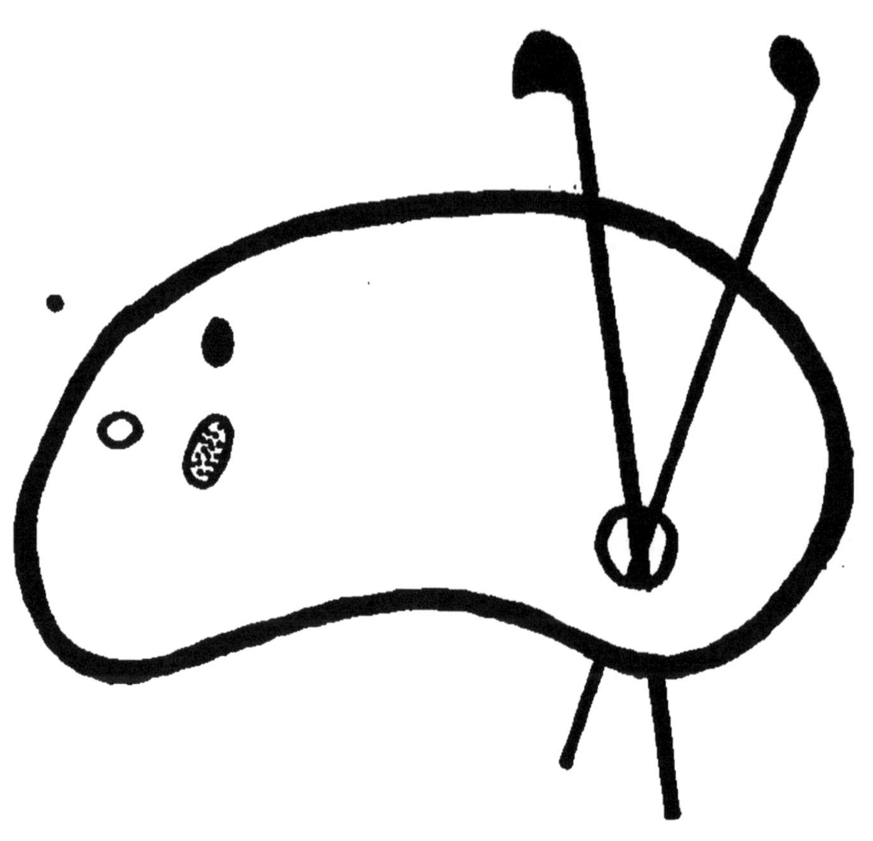

FIN D'UNE SERIE DE DOCUMENTS
EN COULEUR

DE LA

SUGGESTION

DANS L'ÉTAT HYPNOTIQUE

PAR

LE Dr BERNHEIM

PROFESSEUR A LA FACULTÉ DE MÉDECINE DE NANCY

RÉPONSE A M. PAUL JANET

DE L'ACADÉMIE DES SCIENCES MORALES ET POLITIQUES

Extrait de la REVUE MÉDICALE DE L'EST

PARIS

OCTAVE DOIN ÉDITEUR

8, PLACE DE L'ODÉON, 8

1884

DE

LA SUGGESTION

DANS L'ÉTAT HYPNOTIQUE

RÉPONSE[1]

A M. PAUL JANET, DE L'ACADÉMIE DES SCIENCES MORALES ET POLITIQUES

Quand M. Liégeois lut à l'Académie des sciences morales et politiques, son mémoire : *De la Suggestion hypnotique dans ses rapports avec le droit civil et criminel,* l'Assemblée, peu préparée, il faut le dire, à des études jusque-là étrangères à son domaine, fut vivement émue. Quelques-uns de vos collègues nièrent : l'observateur de Nancy était mystifié par des simulateurs. D'autres, craignant les conséquences à déduire de faits qui ne s'adaptaient pas à leurs idées préconçues, reculèrent devant leur examen.

Cependant, à l'honneur de ce corps savant, beaucoup d'esprits sages, vous en fûtes, osèrent envisager la question de sang-froid et accepter comme démontrés certains faits, consacrés d'ailleurs dans la science par des autorités médicales considérables.

1. Cette réponse aux articles de M. Paul Janet publiés dans la *Revue politique et littéraire* était destinée à la même *Revue*. M. Yung, après l'avoir soumise à M. Janet, refusa de l'insérer, la trouvant « trop technique, trop physiologique » pour un journal littéraire.

Je la remplaçai alors par une simple lettre, courte et courtoise, dépourvue de tout détail scientifique, répondant simplement aux critiques dont mon mémoire *De la Suggestion dans l'état hypnotique et dans l'état de veille,* avait été l'objet dans la *Revue*. M. Yung voulut bien reconnaître le grand intérêt que j'avais à répondre, mais ne voulut rien insérer dans son journal.

Vous avez lu quelques-unes des publications récentes sur le sujet, vous avez vu quelques expériences à la Salpêtrière, vous avez recueilli oralement quelques renseignements ; vous vous êtes fait une certaine opinion sur la suggestion hypnotique ; et, sans être suffisamment édifié ni éclairé sur la question, sans avoir vérifié ce qui se faisait en dehors de votre entourage immédiat, vous exposez votre appréciation, vous dites ce qui, suivant vous, est exact, ce qui, suivant vous, est sujet à caution ; vous nous indiquez la méthode à suivre, et vous voulez bien signaler aux observateurs de Nancy quelques défectuosités dans la méthode suivie par eux.

Permettez-moi, très honoré maître, de répondre à quelques-unes de vos appréciations. Je le ferai avec toute la déférence respectueuse qui est due à votre caractère et à votre talent, mais aussi avec toute la franchise de conviction que m'inspire la seule passion de la vérité.

Vous accordez une foi sans bornes à tous les travaux sortis de l'école de la Salpêtrière ; vous n'acceptez qu'avec une certaine réserve ce qui émane d'ailleurs. Là tout est démontré pour vous ; là, grâce à une méthode vraiment scientifique, rien n'est contestable : « on part des faits les plus simples et les plus élémentaires pour s'élever aux faits plus complexes et plus délicats, des faits physiques et apparents aux faits psychologiques plus intérieurs et plus difficiles à interpréter ». A Nancy, au contraire, semblez-vous dire, négligeant les phénomènes physiques plus élémentaires et plus grossiers, nous cherchons surtout à mettre en relief les faits les plus extraordinaires et les plus saisissants pour l'imagination ; nous poussons peut-être la suggestion trop loin ; et peut-être aussi l'imagination du médecin est-elle pour quelque chose dans les résultats thérapeutiques ou les phénomènes psychologiques que nous prétendons obtenir.

Je réponds à cette objection fondamentale, car c'est l'idée directrice de votre étude.

Personne plus que moi ne rend justice aux travaux sortis de l'école de la Salpêtrière : je suis trop l'élève de M. Charcot, je lui dois une trop grande part de mon éducation médicale pour ne pas rendre à ce maître éminent dont le nom honorera toujours la médecine française, l'hommage qui lui est dû.

Mais je n'accepte pas aveuglément — le maître lui-même les accepte-t-il ? — toutes les assertions scientifiques émanant de tous les élèves qui se sont succédé sur ce champ fécond d'observations. La science progresse lentement, à travers mille difficultés; de nouveaux faits viennent démentir ou modifier chaque jour les acquisitions qu'on croyait certaines la veille : la vérité vraie est longue à se dégager de la gangue qui l'obscurcit.

Si je n'ai point accepté comme point de départ de mes études les trois phases de l'hypnotisme hystérique, telles que Charcot les décrit : la léthargie, la catalepsie, le somnambulisme, c'est que je n'ai pu confirmer par mes observations l'existence de ces états divers en tant que phases distinctes. Voici ce que nous observons constamment, mes confrères et moi, à Nancy :

Quand un sujet est hypnotisé par n'importe quel procédé, fixation d'un objet brillant, des doigts ou des yeux de l'opérateur, passes, suggestion vocale, occlusion des paupières, il arrive un moment où les yeux restent clos et les bras tombent en résolution.

Est-ce la léthargie ? Dans cet état comme dans tous les états hypnotiques, l'hypnotisé entend l'opérateur : il a l'attention et l'oreille fixées sur lui. Alors même qu'il reste immobile, insensible, la face inerte comme un masque, détaché, en apparence, du monde extérieur, il entend tout, soit que plus tard, au réveil, il en ait conservé le souvenir, soit qu'il l'ait perdu. La preuve, c'est que, sans le toucher, sans lui souffler sur les yeux, le simple mot : « Réveillez-vous », une ou plusieurs fois prononcé devant lui, le réveille.

Le sujet, dans cet état, est apte à manifester les phénomènes de catalepsie ou de somnambulisme, sans qu'on soit obligé de le soumettre à aucune manipulation, pourvu qu'il soit à un degré suffisant d'hypnotisation. Pour mettre un membre en catalepsie, il n'est pas nécessaire d'ouvrir les yeux du sujet, comme cela se fait à la Salpêtrière : il suffit de lever ce membre, de le laisser quelque temps en l'air, au besoin d'affirmer que le membre ne peut plus être abaissé ; il reste en catalepsie suggestive : l'hypnotisé, dont la volonté ou le pouvoir de résistance est affaibli, conserve passivement l'attitude imprimée.

Pour mettre en évidence les caractères du somnambulisme chez les sujets aptes à les manifester, il n'est pas nécessaire de frictionner le vertex, comme cela se fait à la Salpêtrière : il suffit de parler au sujet ; et celui-ci, suggestible, exécute l'acte ou réalise le phénomène suggéré.

Nous n'avons pas constaté que l'action d'ouvrir ou de fermer les yeux, que la friction du vertex modifiât en rien les phénomènes ou qu'elle les développât chez les sujets non aptes à les manifester par la suggestion, c'est-à-dire par l'idée des phénomènes introduite dans le cerveau.

Nous n'avons constaté que *des degrés variables de suggestibilité* chez les hypnotisés : les uns n'ont que de l'occlusion des paupières avec ou sans engourdissement ; d'autres ont de plus de la résolution des membres avec inertie ou inaptitude à faire des mouvements spontanés ; d'autres gardent les attitudes imprimées (catalepsie suggestive); la contracture suggestive, les mouvements automatiques suggestifs entrent ensuite en scène. Enfin, l'obéissance automatique, l'anesthésie, les illusions sensorielles, et les hallucinations provoquées marquent les étapes progressives du développement de cette suggestibilité dont le degré culminant est constitué par le somnambulisme actif ou vie somnambulique. C'est ce dernier degré seul, celui où les phénomènes suggestifs sont le plus développés, qui s'accompagne d'amnésie au réveil. Un sujet environ sur six de ceux que l'on hypnotise arrive à ce degré que nous appelons somnambulisme profond ; et, quand il n'y arrive pas d'emblée par le seul fait de l'hypnotisation, aucune des manœuvres que nous avons essayées n'a pu le développer. Le degré de suggestibilité hypnotique nous a toujours paru dépendre du tempérament individuel et nullement de la manipulation mise en œuvre. Voilà ce que nous avons constamment observé, et M. le Dr Liébeault, sur plus de 6,000 personnes qu'il a endormies depuis 25 ans, n'a jamais observé autre chose.

Sur aucun de mes sujets non plus, je n'ai pu obtenir, sans suggestion, le transfert d'un côté à l'autre du corps, d'une contracture, d'une paralysie, d'une anesthésie, d'une illusion sensorielle, par l'application d'un aimant, comme le prétendent faire les élèves de la Salpêtrière.

Enfin, je n'ai pu davantage, en dehors de la suggestion, déterminer aucun phénomène par pression exercée sur certains points du crâne. Comme je l'ai dit à la Société de biologie, la suggestion, c'est-à-dire la pénétration de l'idée du phénomène dans le cerveau du sujet, par la parole, le geste, la vue, l'imitation, m'a paru être la clef de tous les phénomènes hypnotiques que j'ai observés. Les phénomènes prétendus physiologiques ou physiques m'ont paru être, en grande partie sinon en totalité, des phénomènes psychiques. Je ne prétends pas expliquer par la suggestion les faits constatés par d'autres observateurs ; je tiens seulement à dire que je n'ai pu, sans suggestion, les produire. Dès lors fallait-il prendre comme point de départ de mes recherches des faits élémentaires, physiques et apparents, comme vous dites, que je n'ai pu constater moi-même? Ai-je dérogé à la méthode vraiment scientifique parce que je n'ai raisonné que sur ce que j'ai vu?

Et d'ailleurs j'admets que ces faits d'un ordre purement physique ou physiologique soient exacts et constants! Est-il vrai de dire qu'ils sont plus simples et plus élémentaires, plus faciles à interpréter, que les faits psychologiques que nous avons observés? Est-il vrai qu'on puisse s'élever des uns plus simples aux autres plus complexes et plus délicats? Je réponds: Nullement, parce que ces faits sont d'un ordre absolument différent.

Les phénomènes suggestifs ont leurs analogues dans la vie normale et pathologique ; la nature les produit spontanément. Les paralysies, les contractures, l'anesthésie, les illusions sensorielles, les hallucinations, se réalisent dans le somnambulisme naturel, dans l'hystérie, dans l'aliénation mentale, dans l'alcoolisme, dans d'autres intoxications; ils se réalisent chez nous tous dans le sommeil normal ; endormis naturellement, nous sommes tous suggestibles et hallucinables par nos propres impressions ou par les impressions venant d'autrui. M. Alfred Maury a bien étudié les hallucinations dites hypnagogiques, celles qui surviennent dans la période qui précède le sommeil; quelques personnes continuent à en être obsédées dans la période qui suit immédiatement le réveil.

Nous reproduisons artificiellement ce qui est susceptible d'être produit spontanément.

Loin de considérer ces faits comme merveilleux, je me suis efforcé de les rapprocher des faits analogues qui s'observent dans l'état physiologique ; j'ai invoqué l'automatisme de la vie habituelle, les actes réflexes et instinctifs, la crédivité, l'imitation, l'influence de l'idée sur l'acte ; je me suis élevé de la suggestion à l'état normal à la suggestion dans l'état d'hypnotisme, et si vous voulez bien relire le chapitre VII de mon mémoire, vous y trouverez toutes les idées que vous avez exposées vous-même en d'autres termes.

J'ajoute que les phénomènes psychologiques que nous avons

relatés, que M. Richet et d'autres ont relatés, tous les observateurs les ont confirmés; personne ne les conteste, tandis que nous n'avons pu vérifier les phénomènes prétendus physiques.

Ceux-ci n'ont aucun analogue dans la vie normale et pathologique. Aucune lésion, aucune expérience sur le cuir chevelu n'a jamais produit une contracture, une paralysie ou un somnambulisme partiel sur la partie du corps correspondant à la région corticale sous-jacente du cerveau ! Est-ce un fait simple, facile à interpréter, que celui qui consiste, par l'attouchement de la peau, à produire une influence qui se transmet à travers le cuir chevelu, le crâne, les méninges jusque sur le cerveau, pour se localiser à la zone correspondant à l'application de la main ?

Aucune interprétation n'existe dans l'état actuel de la science. Si le fait se confirmait, il faudrait revenir à l'hypothèse d'un fluide, d'une émanation quelconque se dégageant de la main de l'opérateur et capable de traverser les enveloppes membraneuses et osseuses de l'encéphale; il faudrait revenir au mesmérisme et admettre dans l'état hypnotique deux ordres de phénomènes absolument distincts : des phénomènes suggestifs, et ceux-ci sont plus faciles à concevoir; des phénomènes fluidiques, et ceux-ci, d'une interprétation absolument impossible, ne pourraient nullement servir de base pour la conception des premiers. Nous n'avons étudié à Nancy que les phénomènes de la suggestion.

Un second vice de méthode que nous aurions commis, et cela, suivant vous, dans le but d'augmenter l'étonnement du public, serait d'avoir fait porter nos expériences sur des sujets sains et non sur des malades caractérisés. Cette objection étonnera tous les hommes de science ! Je ne sache pas que les physiologistes choisissent les animaux malades pour scruter les phénomènes de l'organisme vivant, que les psychologues commencent par étudier les cerveaux malades pour analyser les facultés de l'entendement ! Et nous, pour étudier les phénomènes du sommeil provoqué, nous nous adresserions à des hystériques, susceptibles de dénaturer par des réactions anormales ou pathologiques, les symptômes de l'hypnotisme normal ! Quand une hystérique hypnotisée est prise de convulsions généralisées ou d'une contracture limitée, d'un trismus, par exemple, comme je l'ai vu; quand elle tombe du sommeil hypnotique, comme je l'ai encore vu, dans le sommeil hystérique, qui a d'autres caractères, pensez-vous que la recherche des phénomènes qui incombent à l'état d'hypnotisme soit facilitée par l'addition de ceux qui incombent à l'hystérie? Car l'état hypnotique et l'état hystérique sont choses absolument différentes! Et ici je touche à une question qui, parmi toutes, vous tient le plus à cœur!

Cédant à l'évidence des faits, vous voulez bien accepter la réalité des suggestions hypnotiques; mais, obéissant à un certain ordre d'idées, vous pensez que la suggestion ne peut être provoquée que sur un sujet nerveux; que l'état hypnotique est une névrose, voisine de l'hystérie, qui peut bien, exceptionnellement et sous forme rudimentaire, être provoquée chez des sujets ordinaires, mais qui, caractérisée par tous ses traits, exige un terrain hystérique ou névropathique. Vous semblez croire que si nous affirmons que nous n'avons pas eu affaire à des hystériques, à des névropathes, c'est en forçant un peu la vérité pour provoquer non plus seulement l'étonnement, mais l'effroi; vous vous efforcez de démontrer que mes seules observations précises ont trait à des malades affectés de troubles nerveux; pour toutes les autres, le diagnostic serait « mal défini, mal caractérisé ».

Je réponds à cet argument personnel. Sans doute beaucoup de mes observations ont trait à des affections nerveuses, par cette raison que je soumets surtout à l'hypnotisation suivie, dans un but thérapeutique, les affections nerveuses; je n'ai pas l'habitude d'hypnotiser tous les malades indifféremment; je choisis ceux auxquels je crois pouvoir être utile; c'est pour cela que les nerveux sont en majorité. Mais un très grand nombre d'observations portent, je vous l'affirme, sur des sujets nullement nerveux. Un jour, en présence de M. Liégeois, j'ai endormi presque toute une salle de malades, la plupart phtisiques, emphysémateux, rhumatisants, convalescents; deux seulement sur vingt étaient hystériques.

Vous citez parmi mes observations comme atteint de *troubles nerveux très graves*, un ancien sergent, ouvrier aux forges, autrefois blessé à Patay par un éclat d'obus à la tête. J'ai beau dire « que son intelligence est nette, qu'il n'accuse aucun antécédent nerveux, qu'il n'a pas d'accès de somnambulisme spontané »; malgré mon dire, vous affirmez des troubles nerveux très graves, qui n'existent pas. Vous qualifiez encore de névropathe un gastralgique, parce que je parle de rachialgie, et vous définissez rachialgie, douleur de la moelle, ce qui n'est pas exact. Le rachis n'est pas plus la moelle que le crâne n'est le cerveau; tous les médecins savent que les affections d'estomac s'accompagnent de sensibilité rachidienne, et que cette sensibilité rachidienne n'implique aucun trouble médullaire; notre homme n'en avait aucun.

Quand je parle d'un ancien marin, employé de chemin de fer, affecté de rhumatisme articulaire chronique, quand j'ajoute: « c'est un homme intelligent, bien équilibré, l'esprit assez cultivé, rien moins que nerveux, nullement crédule », et que j'ai pu le mettre en somnambulisme profond et lui provoquer des hallucinations hypnotiques ou posthypnotiques, j'expose, il me semble, un fait bien défini, bien caractérisé; j'aurais pu fournir plus de détails, décrire l'état de ses articulations, retracer toute l'évolution de son rhumatisme, interroger ses antécédents héréditaires; j'aurais surchargé de détails inutiles au but proposé le fait que je voulais signaler; j'ai dit tout ce que je devais dire.

Je relate le fait « d'un homme très intelligent, nullement nerveux, d'une position sociale élevée », bien portant, auquel j'ai suggéré avec succès pendant le sommeil une hallucination olfactive posthypnotique; je raconte des phénomènes de suggestion à l'état de veille et de sommeil produits sur un jeune garçon âgé de 14 ans, atteint de néphrite catarrhale en voie de guérison, « lymphatique, intelligent, ayant une bonne instruction primaire, d'ailleurs ne présentant aucun trouble nerveux »; j'aurais pu relater cent faits pareils. Tout cela pour vous est vague et peu lumineux! Vous me ferez cependant l'honneur de croire que je suis apte à discerner les perturbations nerveuses de l'organisme et que j'ai assez de sang-froid scientifique pour ne pas me laisser aller à transiger avec la vérité.

Sans doute nous avons tous un système nerveux, nous avons tous une certaine impressionnabilité nerveuse. La suggestion hypnotique, pour agir sur l'être psychique, exige une certaine disposition, une certaine réceptivité cérébrale: il faut que le sujet sache se concentrer et se pénétrer pour ainsi dire de l'idée du sommeil. Mais cette disposition spéciale, que beaucoup possèdent à un certain degré, n'est nullement l'apanage exclusif de la névropathie et de l'hystérie. Il est vrai de dire qu'elle est souvent très accentuée chez les hystériques; un rien quelquefois les met en somnambulisme. Cela est toutefois loin d'être constant. Il est des hystériques, comme vous le dites, difficilement hypnotisables; parmi les névropathes, il en est aussi de réfractaires; les aliénés, les mélancoliques, les hypochondriaques, les personnes à imagination mobile et qui ne savent pas fixer leur attention, celles que l'émotion absorbe, celles dont le cerveau est préoccupé par des idées diverses, opposent à la suggestion une résistance morale consciente ou inconsciente. Il faut que la volonté ou l'idée de dormir soit là ! Les gens du peuple, les anciens militaires, les artisans, les sujets habitués à l'obéissance passive, les cerveaux dociles, m'ont paru plus aptes à recevoir la suggestion. Les hommes intelligents, bien pondérés, lymphatico-sanguins, sachant appliquer leur attention sans préoccupation ou arrière-pensée, dorment mieux, quand ils veulent, que certains névropathes dont le cerveau agité ne sait se fixer sur aucun point.

Le sommeil ordinaire ne diffère pas en réalité du sommeil hypnotique ; il suffit qu'une personne s'endorme volontairement et naturellement devant moi, la pensée fixée sur moi, pour qu'elle puisse être soumise à mon influence. Récemment, je trouve dans mon service d'hôpital une pauvre phtisique qui dormait ; je ne l'avais jamais hypnotisée. Touchant légèrement sa main, je lui dis : « Ne vous réveillez pas. Dormez. Vous continuez à dormir. Vous ne pouvez pas vous réveiller. » Après deux minutes, je lui lève ses deux bras ; ils restent en catalepsie. Je la quitte après lui avoir dit qu'elle se réveillerait au bout de trois minutes ; quelque temps après son réveil, qui eut lieu à peu près au moment indiqué, je retourne lui causer ; elle ne se souvenait de rien. Voilà donc un sommeil naturel pendant lequel j'ai pu me mettre en relation avec le sujet endormi ; et cela seul a constitué le sommeil hypnotique ! Comment la relation a-t-elle pu s'établir ? Je suppose qu'il y a eu un commencement de réveil, mais que mon injonction de continuer à dormir a empêché le réveil de se compléter ; la personne s'est rendormie en sommeil dit hypnotique, c'est-à-dire en rapport avec moi. Une mère trouve son enfant endormi ; elle lui parle, l'enfant répond ; elle lui donne à boire, l'enfant boit, puis retombe dans son inertie et au réveil a tout oublié : l'enfant a été en réalité hypnotisé, c'est-à-dire en relation avec sa mère. Je crois que tous les hommes sont hypnotisables ; mais nous ne connaissons pas les procédés capables de les hypnotiser tous. Le jour où l'on aura découvert un agent soporifique sûr et constant, provoquant le sommeil rapidement, sans que cet agent modifie la disposition psychique, de manière que le sujet puisse dormir, la pensée fixée vers la personne présente, alors peut-être nul n'échappera à l'influence suggestive d'autrui, comme nul n'échappe aux suggestions hallucinatoires provoquées par ses propres impressions dans le sommeil normal.

Vous allez jusqu'à penser que le succès des expériences de M. Liébeault a créé à Nancy une sorte d'épidémie suggestive, comme il existe une épidémie de spiritisme, de magnétisme, de mesmérisme ! Et à l'appui de cette opinion, vous dites que, dans les hôpitaux de Paris, le somnambulisme pathologique (spontané) est très rare, tandis qu'il paraît s'en être rencontré beaucoup plus à Nancy dans ces derniers temps ! C'est là un renseignement inexact. Le somnambulisme spontané est aussi rare à Nancy qu'à Paris. Je n'en ai jamais vu dans nos hôpitaux, et mes confrères n'en voient pas. Nos hypnotisés n'ont jamais d'accès de somnambulisme spontané.

Quant au sommeil provoqué artificiellement, M. Charles Richet l'obtient aussi facilement à Paris que nous à Nancy ; M. le docteur Brémaud l'obtient aussi facilement à Brest. J'ai moi-même récemment et avec succès expérimenté, dans un salon de Paris, sur un jeune homme de 20 ans et deux de 40, nullement névropathes, et cependant je ne crois pas avoir importé de Nancy à Paris le microbe de l'épidémie. L'une de ces expériences, particulièrement instructive, mérite d'être relatée. Il s'agit d'un bel et grand garçon, d'une intelligence hors ligne, esprit positif, le premier de sa promotion dans une de nos grandes écoles d'enseignement supérieur scientifique. Désirant être éclairé sur la question de l'hypnotisme, il demande lui-même à être endormi, promettant de se laisser aller avec sérieux et sans résistance. En moins de deux minutes, occlusion des paupières, catalepsie et contracture suggestives, mouvements automatiques. A son réveil, il affirme avoir tout entendu et s'être rendu compte de tout ; mais comme il s'était promis d'obéir sans résistance, il avait obéi. « Auriez-vous pu résister ? lui dis-je. Quand j'ai mis votre bras en l'air, auriez-vous pu le baisser, malgré mon affirmation contraire. » — « Je le crois, dit-il, sans en être certain. Un moment j'ai commencé à baisser mon bras (ce qui en effet avait été visible). En route, un remords m'a saisi. Je l'ai relevé, en me disant : Non, je ne dois pas le baisser. » Était-ce de la complaisance ?

Ce jeune homme ne savait lui-même qu'en penser. Curieux et désirant absolument être édifié, il me pria une demi-heure plus tard de l'hypnotiser de nouveau. En moins d'une minute, il était pris. Je mis ses jambes et ses bras en l'air : ils y restèrent. Alors je lui dis : « Maintenant faites l'expérience ; essayez d'abaisser votre bras et vos jambes, si vous pouvez ; si vous avez de la volonté, appliquez-la. Mais je vous préviens que vous ne pourrez pas. » Il essaya en vain et ne parvint, malgré tous ses efforts visibles, à modifier l'attitude suggérée. Je lui fis tourner les deux bras l'un autour de l'autre : « Essayez d'arrêter, dis-je, vous ne pourrez pas. » Il ne put pas en effet arrêter cet automatisme rotatoire. Quand il fut réveillé, il était convaincu qu'il n'y avait pas seulement de la complaisance, qu'il y avait impossibilité matérielle de résister à l'acte suggéré.

Cette expérience, je l'ai répétée chez un grand nombre de sujets. Charles Richet, relatant des exemples analogues, a bien décrit cet état psychique singulier. Beaucoup se figurent n'avoir pas été influencés, parce qu'ils ont tout entendu ; ils croient de bonne foi avoir simulé ; il est quelquefois difficile de leur démontrer à eux-mêmes qu'ils n'étaient pas libres de ne pas simuler.

Cette digression vient à l'appui de ma conclusion : que l'hypnose n'est pas une variante de l'hystérie ; ce n'est pas un état morbide qui se greffe sur la névropathie. C'est un état physiologique, au même titre que le sommeil naturel d'où il peut dériver ; on peut le produire à un certain degré chez la majorité des sujets. Le degré le plus intense, le somnambulisme profond, n'est ni rare, ni difficile à rencontrer.

Faut-il conclure que ces révélations doivent jeter l'épouvante dans la masse, que la population est vouée à l'hallucination universelle, qu'un regard jeté sur un passant suffit à l'hypnotiser ? C'est une exagération contre laquelle, moraliste et philosophe, vous avez sagement prémuni le public.

Il n'existe pas de magnétiseur ; il n'existe pas de fluide magnétique. Ni Donato, ni Hansen n'ont de vertus hypnotiques spéciales. Le sommeil provoqué ne dépend pas de l'hypnotiseur, mais du sujet : c'est sa propre foi qui l'endort ; nul ne peut être hypnotisé contre son gré, s'il résiste à l'injonction. Je suis heureux de me joindre à vous pour rassurer le public contre toute crainte chimérique qu'une fausse interprétation des faits pourrait faire naître.

Est-ce à dire pour cela que la justice et la morale humaine n'ont pas à s'émouvoir de ces révélations ? que tout est dit, que tout est prévu, que tout est pour le mieux dans la meilleure des organisations judiciaires ? Ce serait peut-être de parti pris fermer les yeux à une vérité féconde. Vous n'avez pas craint de dire que les légistes et les philosophes ont grandement à profiter de ces études, et il faut savoir gré à M. Liégeois d'avoir porté la question franchement à la tribune académique[1].

Le somnambulisme provoqué montre les cas extrêmes, ceux où l'acte suggéré s'impose avec un empire irrésistible. Mais rien ne se fait à l'état de sommeil profond qui n'ait son analogue, son diminutif, si je puis dire, à l'état de veille. Le sommeil exagère l'automatisme physiologique ; il ne le crée pas. Entre la suggestion fatale et la détermination absolument volontaire, tous les degrés peuvent exister. Et qui pourrait analyser tous les éléments suggestifs qui interviennent à notre insu dans les actes que nous croyons issus de notre initiative ! Volonté, libre arbitre, responsabilité morale : graves et palpitantes questions ! pénible doute philosophique qui étreint la conscience humaine !

La vérité n'est jamais dangereuse ! L'ignorance seule est désarmée ! Vous parlez d'hallucination universelle ! Elle existait, quand on ne savait pas, quand on ne soupçonnait pas la singulière facilité avec laquelle se réalise l'hallucination artificielle ! Elle existait, quand une foi naïve en la sorcellerie, comme implantée dans le cerveau humain par une suggestion plusieurs fois séculaire, aveuglait les meilleurs esprits ; quand le sabbat, les sorciers, les succubes, les incubes, les gnomes, les esprits malins et tous ces fantômes évoqués par l'imagination étaient considérés comme des réalités ; quand la science tremblante n'osait, en face du bûcher, battre en brèche la superstition religieuse toute-puissante ! Que de crimes, que de catastrophes, que d'erreurs judiciaires eussent été épargnés à la pauvre humanité, si la vérité scientifique avait pu se faire jour ! L'histoire du diable, de la sorcellerie, des possessions, l'histoire des épidémies démoniaques, ces hallucinations collectives suggérées, pèsent comme un affreux cauchemar sur les siècles qui ont précédé le nôtre ! Et de nos jours encore, que de superstitions suggérées par l'aveuglement d'une

1. J'ai observé et relaté dans mon mémoire des faits de suggestion à l'état de veille, d'*actes* ou d'*hallucinations*, analogues à ceux qu'a observés M. Liégeois (voir pages 51, 99, 100). Les mots quasi-somnambulisme ou condition seconde invoqués par M. Paul Janet pour l'interprétation de ces faits ne disent pas plus que le fait lui-même : la suggestibilité est telle que, à l'état de veille, l'idée acceptée par le cerveau devient acte ou image.

oi grossière disparaîtront comme des ombres sous le flambeau de la vérité scientifique !

Pour terminer cette trop longue réponse, permettez-moi d'ajouter, très honoré maître, que j'ai profondément médité cette parole de Bacon : « L'esprit humain ne reçoit pas avec sincérité la lumière des choses, mais il y mêle sa volonté et ses passions; c'est ainsi qu'il se fait une science à son goût; car la vérité que l'homme reçoit le plus volontiers, c'est celle qu'il désire. »

Nancy, Imprimerie Berger-Levrault et Cie.

www.ingramcontent.com/pod-product-compliance
Ingram Content Group UK Ltd.
Pitfield, Milton Keynes, MK11 3LW, UK
UKHW021942200726
13856UKWH00005B/1729

9 782013 456463